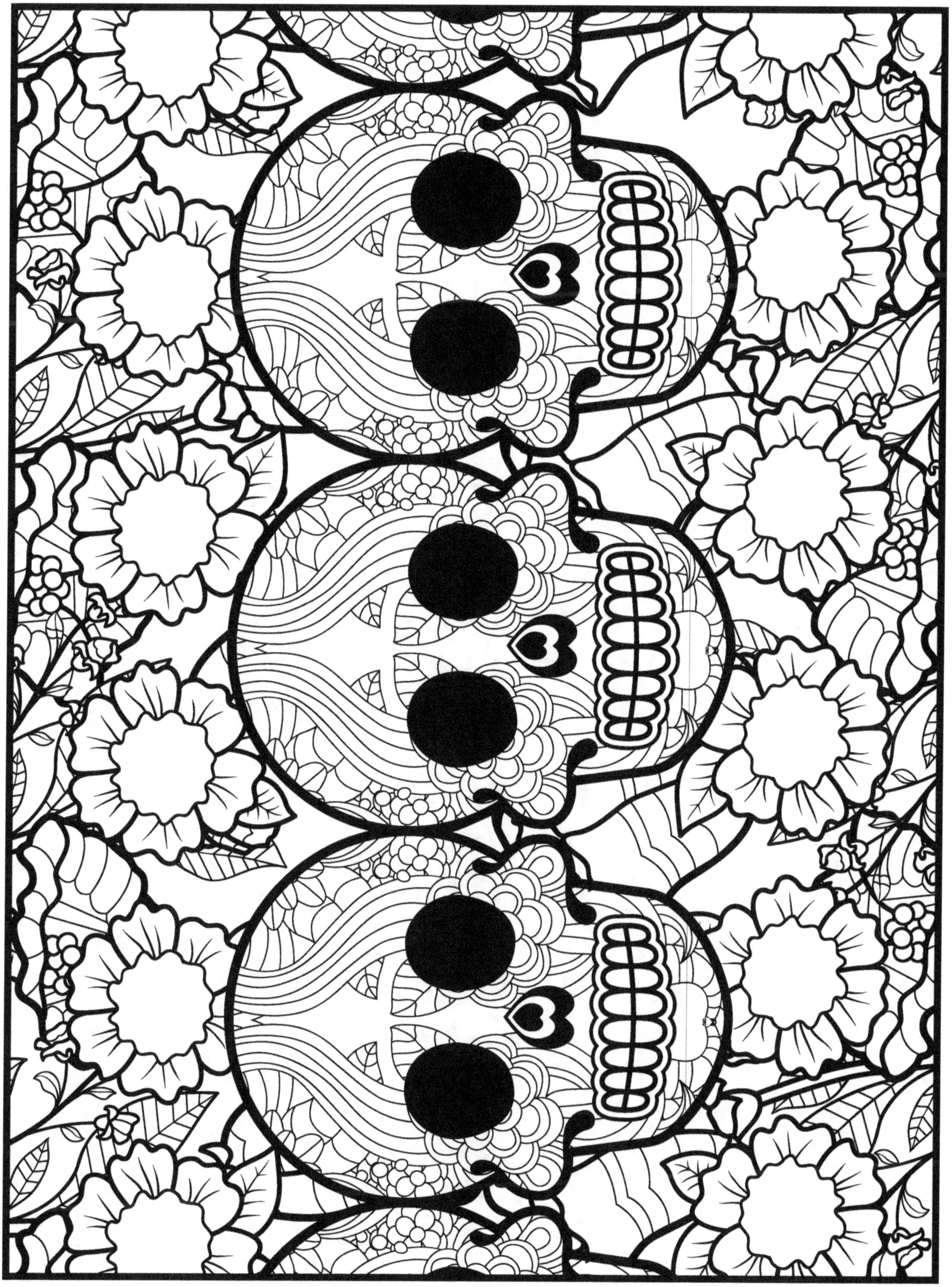

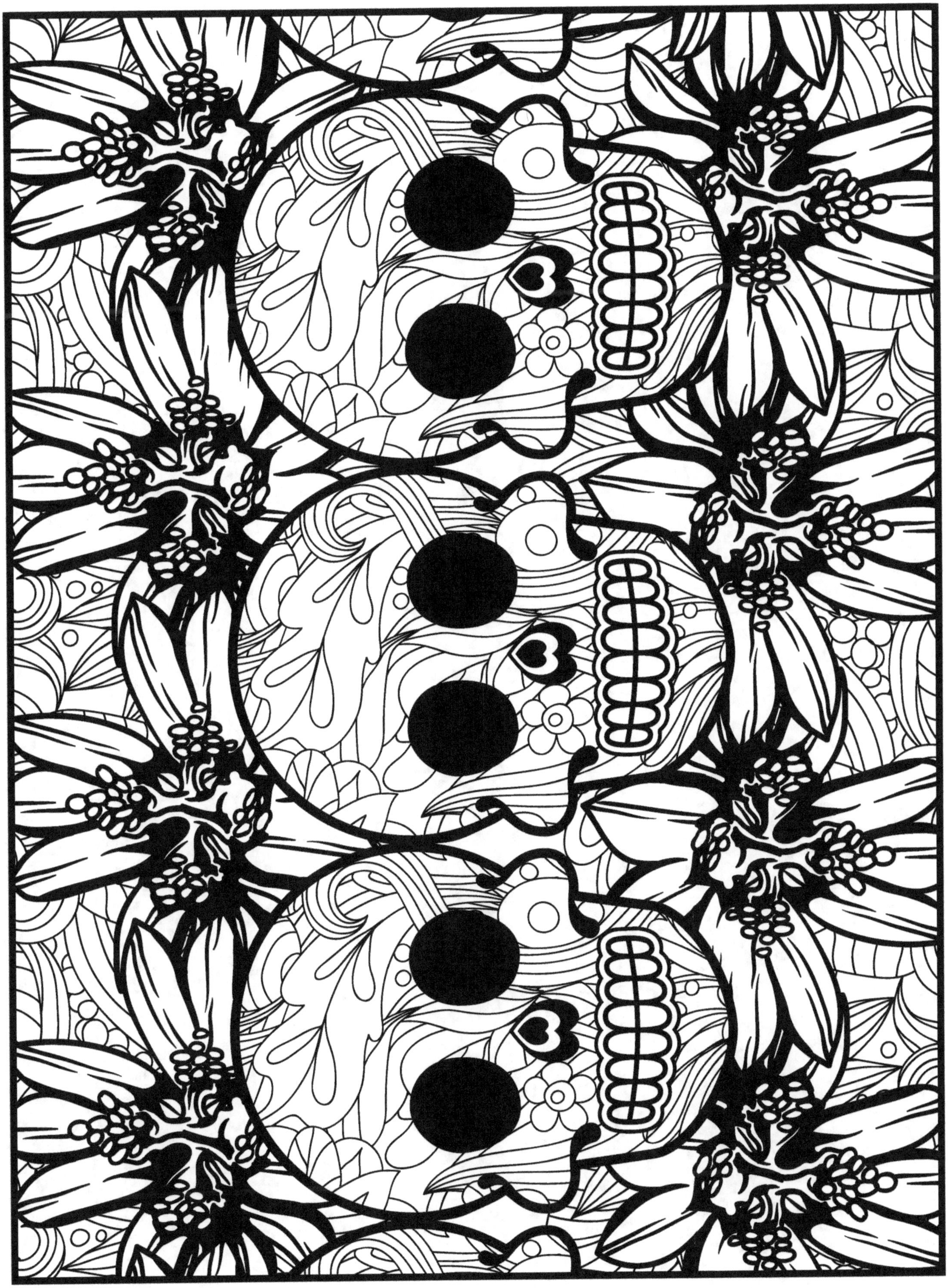

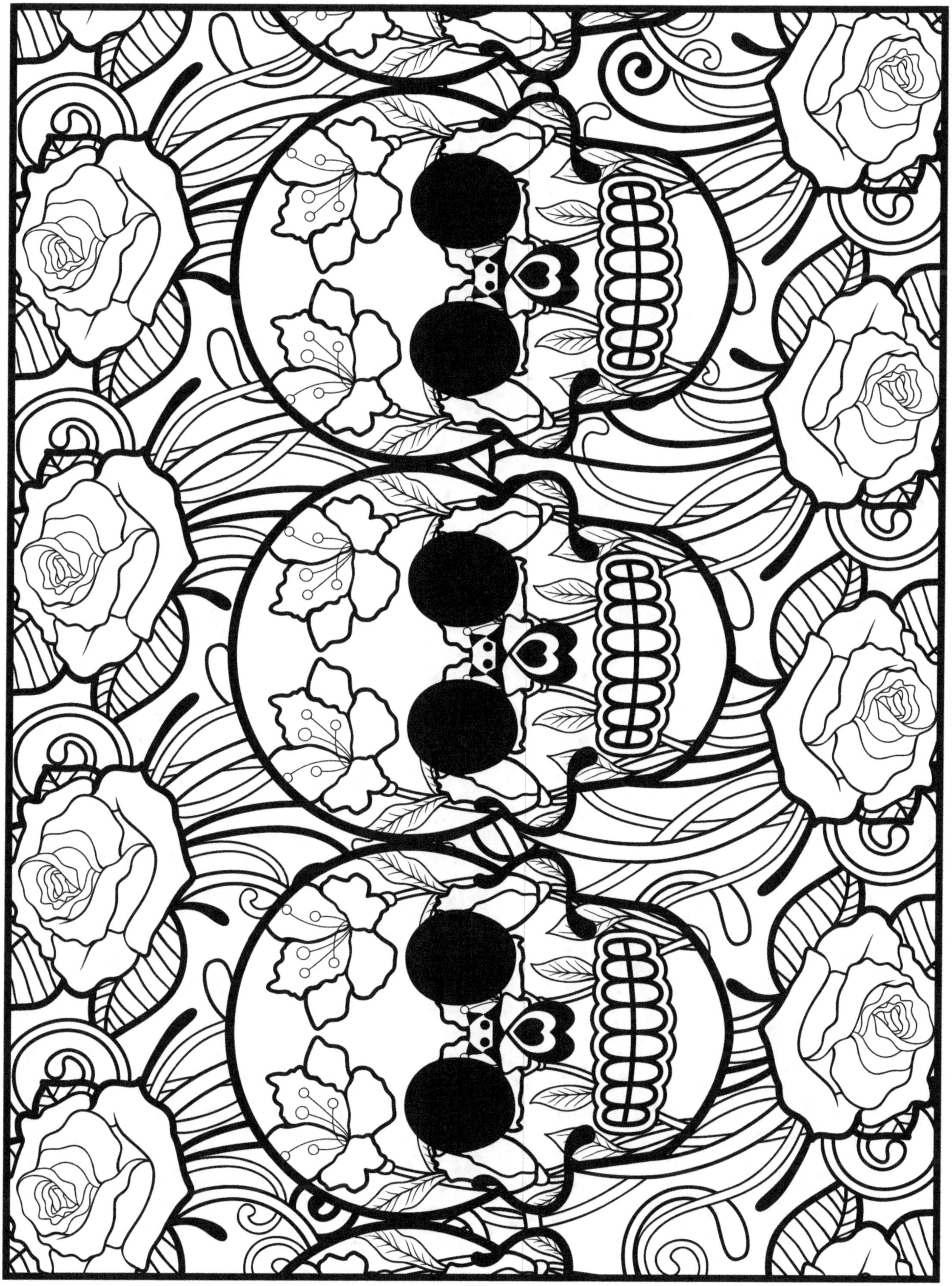

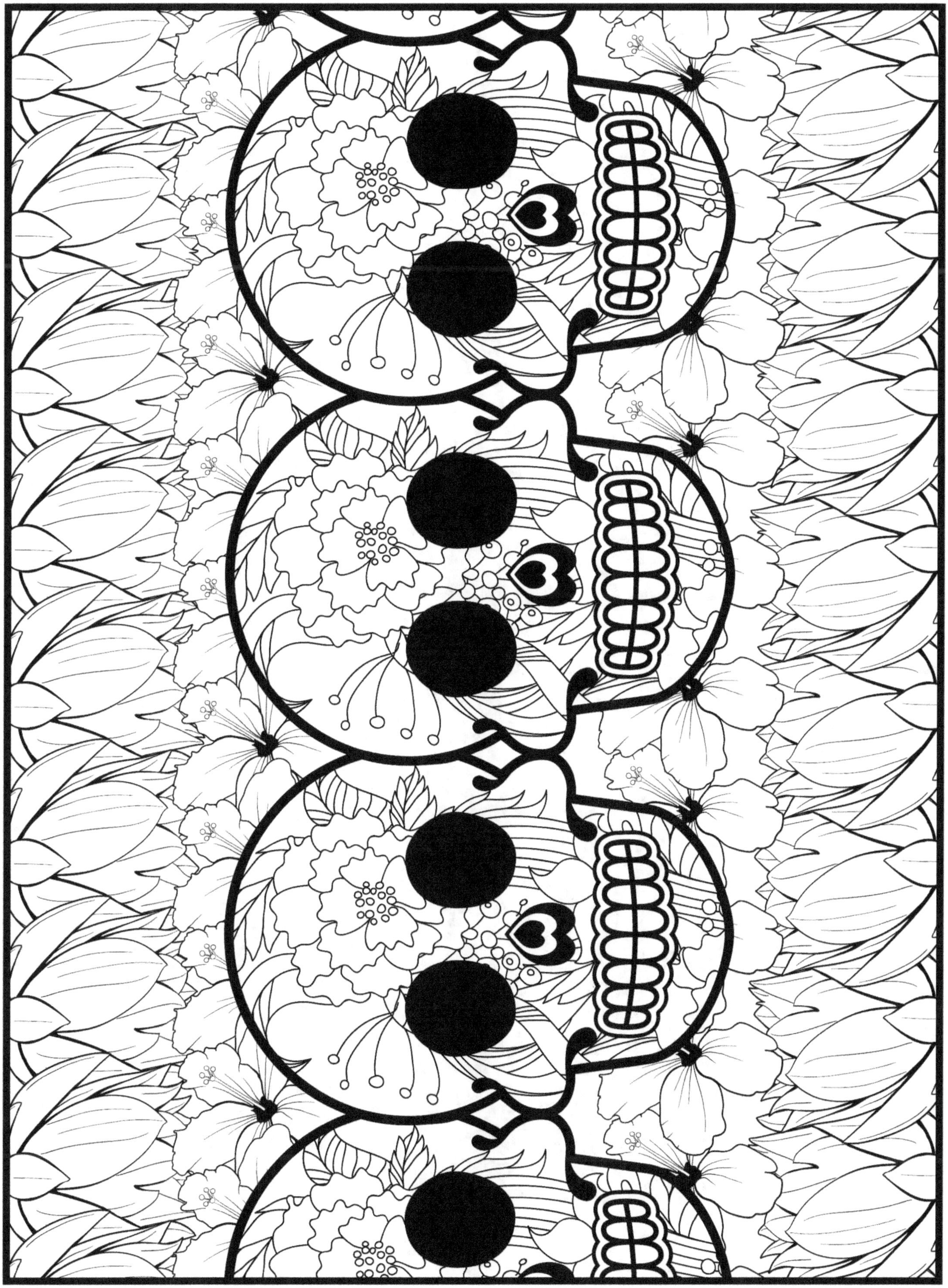

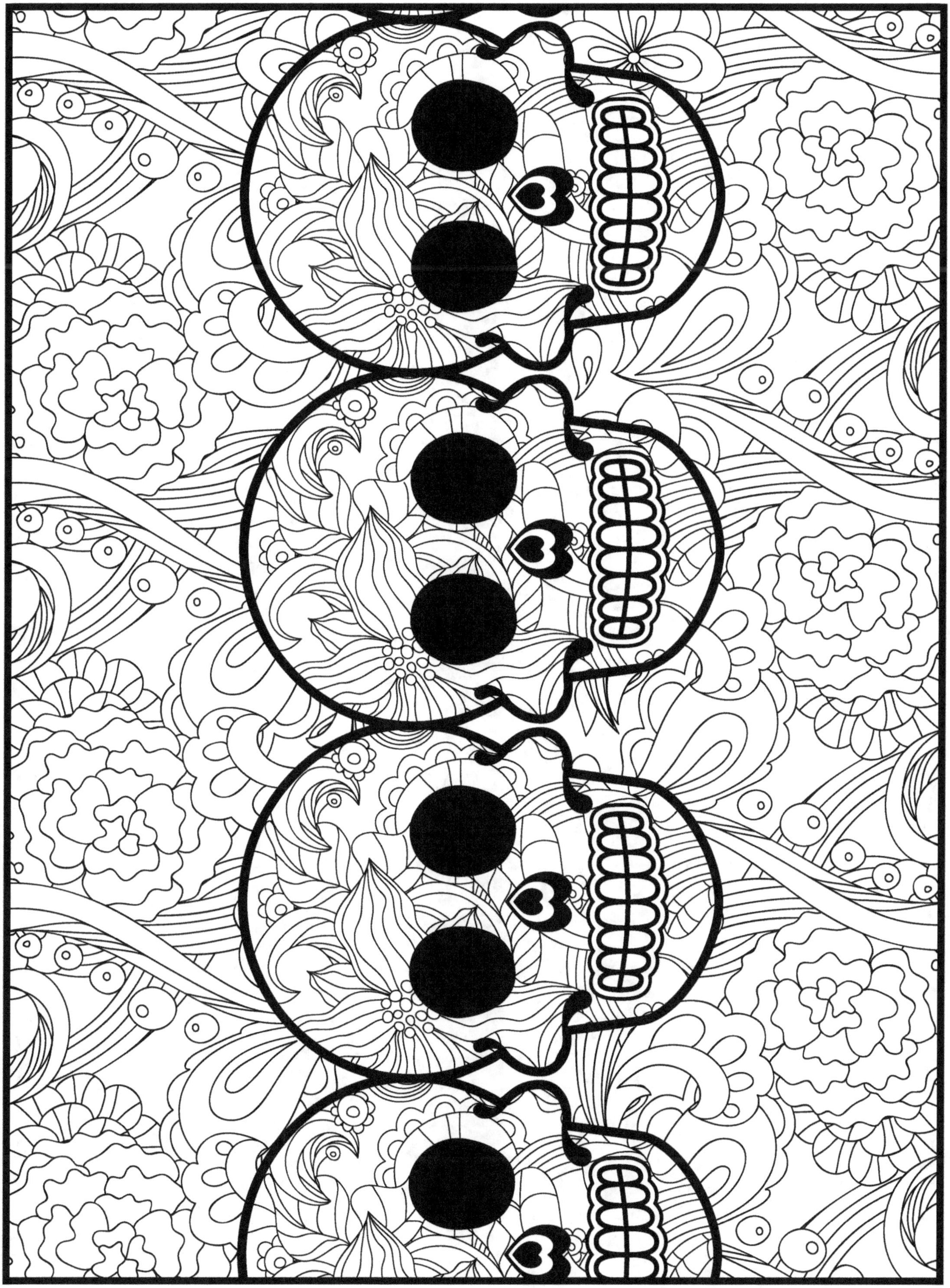

www.ingramcontent.com/pod-product-compliance
Lightning Source LLC
Chambersburg PA
CBHW082012290526
45787CB00017B/3267
9781519604934